What is 기도가 뭐예요?
고아의 아버지 조지 뮬러

초판발행 2014년 04월 28일 | 글쓴이 이지영 | 그린이 이준희 | 펴낸이 이재숭, 황성연 | 펴낸곳 하늘기획
주소 서울특별시 중랑구 상봉136-1 성신빌딩 지하 | 등록번호 제306-2008-17호 (2008)
ISBN 978-89-923-2043-6 03230 | 총판 하늘물류센타
전화 031-947-7777 | 팩스 031-947-9753

방탕한 사람에서 기도의 사람이 된 목회자

고아의 아버지
조지 뮬러

이지영 글 / 이준희 그림

하늘
기획

조지 뮬러 목사를
만나기 전에

여러분은 혹시 이런 고민이나 궁금증이 있지 않나요?

◈ 나는 왜 못된 버릇을 고치지 못할까?
◈ 나는 왜 기도가 잘 안 될까?
◈ 기도하면 정말로 응답을 받을까?
◈ 하나님은 내가 무엇을 기도하기 원하실까?

이런 고민이나 궁금증이 있다면 책을 제대로 고른 거예요.
고아의 아버지 조지 뮬러는 여러분과 똑같은 고민을 했고,
하나님의 응답을 얻기 위해 성경을 읽고 기도했어요.
그로 인해 하나님이 일하시는 방법을 알게 되었지요.
조지 뮬러 목사님이 살아온 기도의 삶을 읽다보면
여러분도 정말 기도하고 싶어질 거예요.

우리 다함께 하나님이 응답하시는 기도에 대해 알아볼까요?

주안에서 이지영

CONTENTS

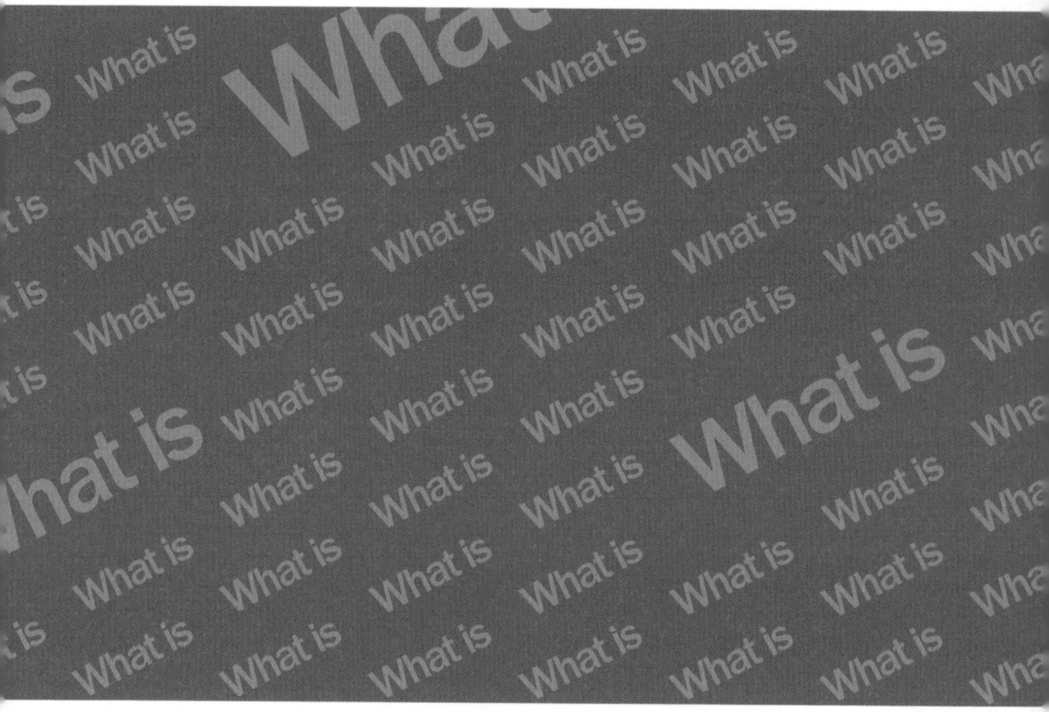
What is

목사님과 우진이

기도가 무예요?

이지영 글 / 이준희 그림 / 김도형 컬러

기도하면 정말 응답 받나요?

아..
더 이상은
못 가겠어..

이봐요
학생!
정신 차려!

살..
살려주세요.

그러다가 정말 체할라. 천천히 먹어.

밥은 많으니 천천히 먹으렴.

옙!

쯔쯔쯔... 얼마나 배가 고프면..

그게 무슨 말이니? 부모님이 안 계시니?

며칠 전까지는 계셨는데.. 이젠 안 계셔요.

갑자기 돌아가시기라도 한 거니?

그런 거 아니에요.

무슨... 사정이... 있구나...

사실.. 부모님이 얼마 전에 이혼하신다고 했어요...

그런데...

꿀꺽

두 분 다 저를 맡지 않으시겠데요.

그런데... 예수님 믿으시나 봐요?

사실 나는 복음을 전하는 목사다.

그래서 그냥 집을 나와 버렸죠.

그랬구나.

띵?

목사님... 이세요?

그럼 질문 하나 해도 돼요?

그래. 궁금한 게 뭐니?

목사님은 하나님께 기도 응답 받으신 적이 있나요?

파

파

물론 있지.

정말요?

와~
너무하네.

왜
그러는데?

?

목사님 기도는
들어주시면서
왜 저는 응답이
없죠?

저도 부모님이
싸우실 때마다
기도했어요.
그런데...

하나님은
아무런 응답도
주시지
않았어요.

왜죠?

기도 응답의 필수 조건!

짠~

기도 응답 받기 위한 필수 조건을 알려주마.

기도 응답을 받는데 조건이 있어요?

그러~엄! 당연하지.

팍

팍

기도란... 하늘 문을 여는 것과 같아.

하늘문이요?

그래!

집집마다 현관문이 있잖니?

그거 열려면 어떻게 해야 되니?

열쇠가 있어야 하잖니?

우리 집은 비밀번호 누르면 열리는데요.

305

아 그런가? 그래 몇 번이니?

그건
비밀이에욧!!!

꽝

그게
왜 궁금하신데요?

혹시
네가 번호를
까먹어서 집에
못 들어가나
해서....

까먹다니요?

우리 집은
2384에욧!!!

2384

2384, 2384, 2384...

앗! 지금
뭐하시는
거예요?

하하하!
장난이야...

현관문에도
비밀번호가 있듯이
하늘 문을 열려면
조건이 있어.

빨리
알려주세요.

21

그렇지! 그런데 자녀가 아니라면 열어줄까?

글쎄요???

안 열어 주겠죠.

O.K!

그럼 두 번째, 반드시 예수님 이름으로 구할 것!

그런데 왜 예수님 이름으로 구해야 하죠?

좋은 질문이야! 왜 예수님 이름이어야 할까?

글쎄요?

기도 응답은 하나님이 주시는 것이니 하나님 이름으로 해야 하지 않을까요?

그렇지!

그런데 하나님 이름이 뭐지?

헤~

아이 왜 그러세요?

하나님이 하나님이시지 뭐예요.

하나님은
이름이
아니야.

하나님이
하나님의
이름이
아니었어요?

하나님이란 원래
하느님이란 단어에서
변형이 되었고,
하느님이란
역시

하늘님에서
유래된 거야.

그러면
하늘에
계신 분이란
뜻이에요?

그렇지...

그래서 진짜 이름은
아니라는거야.

그러면
하나님의 진짜
이름은 뭐죠?

구약에서는
여호와라고 이름을
알려주셨지.

그러면 신약에서는 다른가요?

요한복음 17장을 보면 '내게 주신 아버지의 이름'이란 말이 두 번 나오는데...

그 이름이 뭔데요?

요한복음 (17장)

그 이름이 '예수'야. '아들을 낳으리니 이름을 예수라 하라.'

예수님은 하나님의 아들이고... 하나님은 아버지인데...

까딱

?

요한복음 10장 30절을 보면 이렇게 말씀하셨어.

요한복음 (10장 30절) "나와 아버지는 하나이니라"

그렇게 볼 수도 있겠지.

둘 아닌가요?

하지만 원래 아버지와 아들은 하나야.

ONE

24

아빠의 씨주머니 속?

원래 너는 아빠와 하나였지. 그러다 어느 날 엄마를 통해 이 땅에 나온 거지.

어~! 정말 그렇네요!

예수님이 하나님 이셨다니..

예수님도 원래는 여호와 하나님이신데 우리를 만나주시려고 사람으로 이 땅에 오신거야.

우와! 이럴 수가!

26

그래서 예수님 이름으로 기도하면 하나님이 응답하시는 거야.

우진이가 요한복음 14장 14절 말씀을 읽어보자.

내 이름으로 무엇이든지 내게 구하면 내가 행하리라!

예수님 이름은 기도 응답이 약속된 이름이야.

또! 이렇게 약속하셨지.

지금까지는 너희가 내 이름으로 아무 것도 구하지 아니하였으나 구하라 그리하면 받으리니 너희 기쁨이 충만하리라. (요한복음 16:24)

예수님. 예수님..

성경은 누가 쓴 책일까요?

우진아! 그래 무슨 기도를 했니?

짱알 짱알

부모님이 이혼 안 하고 저도 집에 돌아가게 해달라고 기도했어요.

너무나 당연한 기도를 했구나.

그건 또 무슨 말씀이죠? 제가 기도를 잘못했나요?

아니! 하지만 그런 일이 네게 필요하다는 것은 하나님도 잘 아신다.

그럼 기도할 필요가 없다는 건가요?

그보다는 네가 먼저 구해야 할 기도가 있단다.

제게 부모님 문제보다 더 심각한 것이 있을까요?

있지!

굼적

사실
보이는 문제보다
보이지 않는 문제가
더 심각해!

보이지 않는
문제요?

이 땅에는
보이지 않지만
두 나라가 있다.

바로
사단 나라와
하나님 나라지.

사단 나라는
너의 가정과 너를 잡고서
죄와 저주와 멸망 속으로
끌고 가지.

반대로 하나님 나라는
너와 네 가정을
사단의 손에서
건져 주신단다.

뭔지는
잘 몰라도
알 것도 같네요.

그 느낌
나도 알지!

중요한 것은
보이지 않는 사단이
자꾸 나와 우리 가정을
무너뜨리려고
하는 것을
깨닫고

하나님 나라의
성령과 천군이
나와 가정에
역사해 주시길
기도해야 하는
거야.

그러면 부모님이 싸우시지 않고 이혼도 안 하실까요?

부모님이 싸우시는 것이 꼭 사단 역사는 아니다.

안 싸운다고 성령 역사도 아니지만.

마귀 때문에 싸우는 거 아닌가요?

마귀가 싸우게 만들 수는 있지.

왜 그렇죠?

하지만 마귀가 하는 진짜 일은 모든 일을 통해 예수님만 모르게 하는 거야.

예수 이름을 부르면...

하나님 나라가 임하고 성령과 천군이 사단을 꺾기 때문이지.

그래서 사기꾼 마귀는 싸우고 안 싸우는 일만 심각하게 만들고...

아이고 귀청이야~!!

예수 이름을 놓치고 사는 것이 얼마나 심각한지는 모르게 한단다.

제 이야기를 하시는 것 같네요.

왜 부끄러우냐?

부끄럽기 보다는 좀 속상해요.

속상해~

사실 부모님 싸우시는 것만 생각하느라 마귀에게 속는 건 몰랐어요.

바보~

너만 그런 거 아니다.

나도 그렇단다.

목사님도 속고 사세요?

그럼. 매일 속고 살지.

그래서 우리는 매일 예수님이 필요하단다.

우리 스스로는 마귀를 알 수 없고 이길 수도 없거든.

그래서... 마태복음 6장 33절에서 예수님은 말씀 하신거야.

마태복음 (6장 33절)

· · · · · · · · · · · · ·

너희는 먼저 그의 나라와 그의 의를 구하라

그리하면 이 모든 것을 너희에게 더하시리라.

먼저 하나님 나라를 구하면 모든 것을 더해주신다?

그럼 우리 부모님도 ...

쩝! 계산이 빠른 거냐 눈치가 빠른 거냐?

이런.. 제가 지금 사정이 그런지라..

먼저 구할 것에 마음 가기보다 나중에 더해주실 것에 관심이 더 크구나.

모든 관심이 문제 풀리는데 가게 하는 것이 마귀의 일이다.

그래서 하나님 나라, 즉 '성령님이 제게 역사해주셔야 합니다.' 하고 기도하는거야.

그럴 때 부모님의 문제로 속이던 마귀가 무너지면서 정말 하나님께서 나의 주인이요 나의 모든 필요를 채우심이 믿어진단다.

36

37

참, 부모님이 많이 걱정하실 텐데 전화라도 해야지.

. . .

저를 맡지도 않으시려는데 걱정이나 하실라구요.

그래도 전화해보자.

여보세요? 엄마 저에요.

우진이 너?!

너 지금 어디야? 밥은 먹고 다니는 거야?

네. 잘 있어요.

39

하나님 감사합니다!

…… ……

왜 감사하지?

하나님 나라를 구할 때 사단 나라가 무너지고 가정도 살아난다는 것을 확인케 하셨잖아요.

할렐루야!! 우진이에게 참된 기도를 깨닫게 하신 예수님을 찬양합니다!

그런데요 목사님, 세상에서 기도 응답을 제일 많이 받은 분은 누구시죠?

아니 그건 왜?

저도 그분처럼 응답을 많이 받고 싶어서요.

탁

그렇다면 조지 뮬러 목사님에 관한 책을 읽어봐라.

하 하

조지 뮬러

조지 뮬러?

그래, 그분은 기도해야 할 이유를 깨닫고서 수만 번 기도 응답을 받은 분이다.

우~와!
목사님 감사합니다. 다음에 또 찾아뵐게요.

샬롬~

그래. 예수 이름 부르며 살거라. 샬롬!

41

What is What is

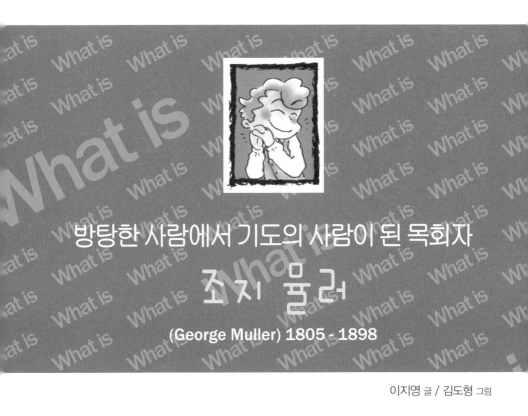

방탕한 사람에서 기도의 사람이 된 목회자

조지 뮬러

(George Muller) 1805 - 1898

이지영 글 / 김도형 그림

도둑질에 빠진 소년

"누가 탁자 위에 있던 돈을 가져갔니? 뮬러 너냐?"
아버지는 무서운 얼굴로 호통을 치시면서 물으셨어요.
뮬러는 간이 콩알만 해졌지만 이를 악물고 고개를
가로 저었어요.

"네가 한 짓이 아니라구. 솔직히 말해."
하지만 솔직히 말씀드릴 수 없었어요.
이번이 처음은 아니거든요.

사실 뮬러의 용돈은 늘 넉넉했어요. 아버지는 어린 자녀들의
나이에 맞지 않게 많은 용돈을 주셨거든요. 하지만 그로 인해 뮬
러는 어려서부터 돈 쓰는 재미에 푹 빠지고 말았어요.

맛있는 간식거리나 신기한 장난감을 사다 보면 어느새 용돈
이 떨어졌어요. 그때마다 뮬러는 아버지의 지갑에 몰래 손을 대
곤 했어요.

44

그런 뮬러의 버릇을 눈치 채신 아버지가 일부러 탁자 위에

돈을 두고 가신 거예요. 결국 아버지는

뮬러의 구두 속에서 사라진 돈을

찾아내셨어요.

"이래도 네가 한 짓이 아니야?

왜 도둑질을 했니?"

"…"

뮬러는 뭐라 대답할 말이 없었어요. 자기도 왜 자꾸 도둑질을

하게 되는지 몰랐어요. 처음에는 무섭기도 하고 후회도 돼서 다

시는 안 하겠다고 결심도 했지만 소용이 없었어요. 갈수록 후회

하기보다 감춘 돈을 들킨 것에 대해서 더 안타까워했어요.

'아깝다! 좀 더 깊숙한 곳에

감췄어야 했는데…'

그날 밤 뮬러는 엄한 벌을 받았어요. 하지만 뮬러의 도둑질은

멈추지 않았어요.

45

누가 나 좀 말려줘요

어린 시절의 버릇은 점점 심해져 갔어요. 중학교에 들어간 뮬러는 공부는 하지 않고 카드놀이로 시간을 낭비하며 못된 친구들과 어울려서 술을 마셨어요. 그러던 어느 날 뮬러에게 충격적인 일이 생겼어요.

"뮬러야, 늦은 시간에 어디를 가니?"

"볼 일이 있어서요."

"시험도 얼마 안 남았는데 공부해야지."

"걱정 마세요. 제가 다 알아서 할게요."

뮬러는 몸이 아프신 어머니를 두고 친구들과 함께 카드놀이를 하며 늦게까지 술을 마셨어요. 다음날 뮬러는 어머니가 갑작스레 돌아가신 것을 듣고 몹시 놀랐어요.

어머니가 돌아가시자 양심에 가책을 받은 뮬러는 자신이 지은 죄를 회개하며 열심히 공부하기로 작정했어요. 하지만 그 마음도 얼마 가지 못했어요. 뮬러의 방탕한 생활은 점점 더 심해졌어요.

어느 날 친구들과 여행을 갔어요. 그곳에서 가장 비싼 호텔에 머물면서 돈을 낭비하던 뮬러는 돈이 떨어지자 몰래 도망치려 했어요. 창문을 통해 빠져나오던 뮬러는 그만 경찰에게 잡혔고 결국 감옥에 들어갔어요.

한 달 가량 감옥생활을 하다가 아버지의 도움으로 풀려난 뮬러는 열심히 공부하기 시작했어요. 그는 매일 새벽 4시에 일어나서 밤 10시까지 거의 하루 종일 공부했어요. 어느 새 반에서는 모범생이 되었어요. 20살에는 많은 상을 받고 할레대학에 입학했어요. 그곳은 나중에 목사님이 될 수 있는 신학교이기도 했어요.

뮬러는 이제 새사람이 된 걸까요?

아니었어요. 뮬러는 여전히 거짓말을 잘했고 기회가 주어지면 도둑질을 일삼았어요. 뮬러도 그런 자신이 걱정되었어요. 대학을 졸업하면 목사가 되어 교회에서 일해야 될 텐데 이런 자신을 어느 교회도 받아주지 않을 것 같았어요.

하지만 아무리 조심하고 결심해도 그때뿐, 다시 제자리로 돌아오고 말았어요.

아마 뮬러는 이렇게 외치고 싶었을 거예요.

"누가 나 좀 말려줘요. 제발~!"

무릎 꿇는 기도

그러던 어느 날 뮬러는 아주 특별한 경험을 하게 되었어요.

친구의 권유로 우연히 어느 집에 가게 되었는데,

그곳에서는 기도 모임이 막 시작되고 있었어요.

"어서 오세요, 형제님. 반갑습니다."

"이렇게 갑작스레 찾아와서 미안합니다."

"아니에요. 잘 오셨어요. 언제든 환영합니다."

"자 이제 다함께 하나님을 찬양합시다."

찬양을 마치자 한 사람이 하나님께 기도를 했어요.

그런데 바로 그 순간 모든 사람이 바닥에 무릎을 꿇었어요.

방바닥에 앉아 생활하는 우리와 달리 유럽 사람들은 의자에 앉아 생활하기에 바닥에 무릎을 꿇는 일이란 흔치 않은 일이죠. 뮬러도 무릎을 꿇고 기도하는 사람을 그 때 처음 보았어요. 뮬러는 그들의 모습을 통해 보이지 않는 하나님이 계심을 알게 되었어요.

그날 밤 집으로 돌아온 뮬러는 무릎을 꿇고 기도했어요.

"하나님, 이 못난 죄인을 예수님의 피로 용서해주셔서 감사합니다. 이제 저의 삶을 주님께 맡깁니다. 하나님의 뜻대로 인도해주세요. 예수님의 이름으로 기도합니다. 아멘."

기도를 마치고 난 뮬러의 마음은 기쁨과 행복으로 가득했어요.

그 이후로 뮬러는 기도 모임에 꾸준히 참석하면서 예수님이 우리의 주인이시며 예수 이름을 믿고 부를 때마다 하나님의 뜻하신 대로 응답하심을 알게 되었어요.

그러는 동안 도둑질과 거짓말 하던 습관은 점점 사라졌고, 오직 그리스도만을 의지하며 증거 하기로 결심했어요.

기도의 비밀을 깨달은 뮬러는 아버지에게 믿음을 고백하는 편지를 썼어요. 하지만 아버지는 신앙의 사람으로 변한 뮬러를 야단치셨어요.

"뮬러야 정신 차려라. 내가 언제 너보고 전도 하랬냐? 그저 공부 열심히 해서 신학박사가 되고 큰 교회 목사가 되거라."

아버지는 뮬러가 명성과 부귀를 얻어 나중에 자신을 도와주기를 바라셨어요.

그 일로 인해 뮬러는 아버지의 도움이 아닌 하나님의 도우심으로 살아야함을 깨달았어요.

그리고 경제적으로 독립하기 위해 기도했어요. 그러자 하나님은 뮬러의 필요를 채우셨어요. 별다른 직업이 없던 뮬러는 학장님의 추천으로 학교에서 독일어를 가르치는 강사가 되었어요. 뮬러는 기도 응답을 통해 하나님의 인도를 더욱 확신하게 되었어요.

말씀 속에서 해답을 얻다

복음과 기도를 깨달았지만 뮬러는 앞으로 어떤 길을 가야 할지를 몰랐어요. 그러다가 주변 사람들의 권유로 선교사의 꿈을 꾸며 준비했어요. 하지만 그때마다 병에 걸리거나 환경 때문에 선교사로 갈 수 없게 되었어요.

"왜 하나님은 선교사가 되려는 내 기도에
응답하지 않으실까?"

답답해진 뮬러는 복권을 샀어요. 복권으로
하나님의 뜻을 찾으려고 했어요.

"하나님, 이 복권이 당첨되면 그 돈으로
선교지에 가라고 하시는 줄 알겠습니다."

하지만 복권에도 당첨되지 않았어요. 뮬러는 낙심과 절망에
빠지고 말았어요.

그러던 어느 날 성경을 읽다가 하나님의 모든 계획과 응답이
그 속에 있음을 발견했어요. 진정한 응답은 내 소원이 이루어지
는 것이 아니라, 하나님의 소원을 알게 되는 것임도 알게 되었
어요. 그리고 하나님의 소원을 구할 때 당연히 응답하신다는 것

도 알게 되었어요.

그 이후로 뮬러는 날마다 성경을 묵상하면서 하나님의 인도를 구했어요. 하나님의 뜻을 발견할 때까지 모든 결정을 미루고 기다렸어요. 하나님은 그런 뮬러에게 매번 하나님의 계획을 알려주셨고 말씀대로 응답하셨어요.

뮬러는 이런 기도생활을 통해 평생 성경을 200번이나 읽었어요.

고아의 아버지

영국 브리스톨에서 목회를 하던 뮬러는 거리를 떠도는 고아를 볼 때마다 안타까웠어요. 몇 달 동안 말씀을 보며 기도하던 그는 고아를 위해 일하기로 결정했어요.

뮬러는 아침마다 거리에 나가 고아들을 집으로 데리고 왔어요. 간단히 아침을 먹인 후 뮬러는 한 시간 반 동안 그들에게 성경을 가르쳤어요.

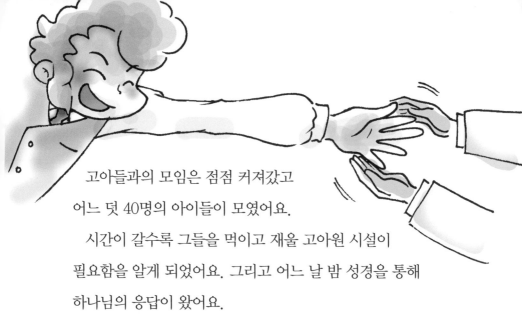

　고아들과의 모임은 점점 커져갔고
어느 덧 40명의 아이들이 모였어요.
　시간이 갈수록 그들을 먹이고 재울 고아원 시설이
필요함을 알게 되었어요. 그리고 어느 날 밤 성경을 통해
하나님의 응답이 왔어요.
　"네 입을 크게 열라 내가 채우리라" (시편81:10)
　그날부터 뮬러는 고아원을 짓기 위한 땅과 건축에 필요한 돈
그리고 도와줄 사람들을 위해 기도했어요. 뮬러는 약속의 말씀
을 통해서 자신이 응답 받을 것을 확신했어요.

　하루가 지나고 이틀이 지나자 작은 돈이지만 성금이 들어왔
고, 큰 옷장과 부엌에서 쓸 그릇들이 선물로 들어왔어요. 그리
고 한 자매가 찾아와서 자원봉사를 약속했어요.

마침내 뮬러는 고아원 문을 열 수 있었어요.

그런데 당황스러운 일이 벌어졌어요. 고아원 문을 여는 날 들어와서 지내겠다고 신청하는 아이들이 하나도 없었던 거예요. 사실 뮬러는 고아원에 필요한 것들을 위해 기도했으나 고아원에 들어와 살 아이들을 위해서는 기도하지 못했어요.

그 날 밤 뮬러는 무릎을 꿇고 하나님께 아이들을 보내달라고 기도했어요. 응답은 즉시로 왔어요. 그 다음날부터 한 명씩 신청이 들어오더니 한 달 만에 정원이 다 찼어요.

뮬러는 고아원의 시작을 하나님께 맡겼듯이 운영하는 모든 일도 전적으로 하나님께 맡겼어요. 운영하는데 필요한 자금을 위해 특별히 광고하거나 부자들에게 지원요청을 하지 않았어요. 오직 말씀과 기도 속에 하나님이 채우실 것을 믿고 기다렸어요.

사람들에게 도움을 요청하지 않고 기도만으로 고아원을 운영할
수 있을까요? 뮬러의 고아원에는 종종 먹을 것이 떨어지는 날
이 있었어요. 하지만 매일 다가오는 어려움을 뮬러는 기도 시간
으로 바꾸었어요.

한 번은 이런 일이 있었답니다. 아침부터 비가 내
리던 어느 날, 때마침 고아원에는 먹을 양식이 다
떨어지고 아무 것도 없었어요. 하지만 뮬러는 여느
날과 똑같이 400명의 아이들을 빈 식탁에 앉게 한
뒤, 손을 모으고 하나님께 식사기도를 드렸어요.

뮬러의 기도가 끝나자 한 대의 마차가
고아원 문 앞에
나타났어요.

그 마차에는 아침에 막 구워낸 빵과 신선한 우유가 가득했어
요. 고아원 근처의 공장에서 종업원들이 소풍을 가려고 주문했
는데, 비가 많이 와서 취소되자 사장님이 아이들에게 주라고 보

내온 거였어요. 정말 놀라운 일이죠? 하지만 뮬러의 고아원에서 이런 일은 늘 있는 당연한 일로 여겨졌어요.

뮬러의 일기를 보면 65년 동안 고아원을 운영하면서 식사 시간 30분이 넘도록 아이들에게 밥을 주지 못한 일은 없었다고 고백하고 있어요. 이는 고아원의 운영을 전적으로 하나님께 맡긴 뮬러의 믿음과 기도 때문이에요. 사람이 하는 것보다 하나님이 하실 때 완벽한 응답을 받게 됨을 그는 알고 있었어요.

물론 도저히 안 될 것 같은 한계와 어려움에 부딪힐 때도 많았어요. 아이들은 점점 늘어나서 2,000명에 이르렀고, 그로 인한 엄청난 식비와 의료비, 인건비 등이 늘 필요했어요. 많은 응답을 받은 뮬러지만 그래도 걱정이 없었던 것은 아니에요.

그러던 어느 날 뮬러는 중병에 걸리게 되었어요.

하지만 평소 습관대로 무릎을 꿇고 하나님께 기도했어요. 그리고 성경을 묵상했어요. 그날 말씀은 시편 68편이었어요. 그는 성경을 읽어 내려가다가 깜짝 놀랐어요. "그의 거룩한 처소에 계신 하나님은 고아의 아버지시며…"(시편68:5) 사실 뮬러는 많은 고아를 돌보면서 '고아의 아버지'라는 별명을 얻었어요. 그런데 '진짜 고아의 아버지'는 자신이 아니라 하나님이심을 발견하고 큰 용기를 얻게 되었어요.

"그래, 아이들을 돌보는 것이 내가 아니야! 나를 통해서 하나님이 돌보시는 거야! 하나님이 이들의 아버지이시니까!

이 말씀을 발견한 뮬러는 더 큰 확신으로 기도했어요. 뮬러의 일기장을 보면 그가 평생토록 받은 응답이 무려 5만 번이나 됨을 확인할 수 있어요. 뮬러는 수 만 명의 고아를 기르면서 그들에게 성경을 가르쳤고, 그 결과 아이들의 대부분은 예수님을 구주로 영접하였으며, 그들 중에 상당수는 목회자나 훌륭한 지도자로 자랐답니다.

뮐러는 93세의 나이로 세상을 떠날 때까지 고아와 복음을 위해 늘 무릎 꿇고 기도함으로 살아계신 하나님을 증거하는 전도자로 살았답니다.

여러분도 말씀과 기도로 응답을 누리는 전도자 되기를 바랍니다.

함께 생각해 봐요

여러분도 어린 시절 뮬러처럼 거짓말이나 도둑질에
빠져 있지는 않나요? 아니면 음란물이나 인터넷, 게임 등
에 중독되어 있지는 않나요?

왜 우리는 굳게 결심하고 애써도 이상한 버릇을 고치지 못할까요?

뮬러는 자신의 잘못을 고치려고 했지만 아무리 노력해도 벗어날 수 없
었어요. 우리는 내가 마음먹은 대로 살 수 있다고 생각하지만 사실은 그
렇지 않아요. 사람은 하나님 아니면 마귀에게 영향 받아 살아가게 되어
있어요. 그래서 사람을 영적 존재라고 합니다.

아담 이후로 모든 사람은 하나님을 떠나서
이 땅에 태어납니다. 그러니 누구나
마귀에게 영향을 받으며 살게 되어
있지요. 그래서 그만 두고 싶은
일이 있어도 내 힘으로
빠져나오지 못하는 거예요.

그러면 어떻게 해야 할까요?

"죄를 짓는 자는 마귀에게 속하나니 마귀는 처음부터 범죄함이라
하나님의 아들이 나타나신 것은 마귀의 일을 멸하려 하심이라" (요한일서 3:8)

하나님의 아들 예수님은 우리의 삶을 붙잡고 있는 마귀를 이기신 분이
십니다. 예수님을 나의 주인으로 영접할 때 마귀의 일이 무너집니다. 뮬

러도 기도 모임에서 예수님을 주인으로 영접했을 때 삶이 변화되는 응답을 받았어요.

어린이 여러분, 아직 예수님을 주인으로 모시지 않았다면 지금 예수님을 영접하세요. 예수님이 여러분의 삶을 지키고 인도하실 거예요.

우리 함께 기도할까요?

예수님, 저는 죄인입니다.

저는 거짓말(도둑질, 게임 중독)이 나쁜 줄 알면서도
저도 모르게 빠져듭니다.

제 안에서 생각 마음을 조종하는 마귀를 저는 이길 수 없어요.

예수님은 이렇게 약한 저와 함께 하시려고 사람이 되시고
십자가에서 피 흘려 죽으심으로 제가 받을 저주를 끝내시고
지금도 저를 유혹하는 마귀로부터 지켜주시려고 부활하셨습니다.

예수님, 이 시간 제 안에 들어와 저의 주인이 되어주세요.
제 안에서 주인 노릇하고 있는 마귀를 내어 쫓아주세요.

하나님의 약속이신 예수님의 이름으로 기도드립니다. 아멘.

Story plus

에피소드 no. 1

뮬러 목사님은 선교사였다!

이지영 글 / 김도형 그림

많은 사람들이 뮬러 목사님을 고아의 아버지로만 기억합니다.

하지만 젊은 시절부터 뮬러 목사님은 선교사로 헌신 하기를 기도했습니다.

그리고 70세가 돼서야 그 기도의 응답을 받습니다.

그는 17년 동안 프랑스, 독일, 미국, 호주, 인도, 중국 등. 42개 나라를 다니면서 수백만 명에게 복음을 전했습니다.

그가 가는 곳마다 예수 이름에 응답하시는 하나님을 믿는 사람들이 세워졌답니다.

〈끝〉

'What is' 시리즈
전 8권 완간!

1. 토마스 – 선교가 뭐예요?
2. 조지 카버 – 성경이 뭐예요?
3. 조지 뮬러 – 기도가 뭐예요?
4. C.S. 루이스 – 믿음이 뭐예요?
5. 리빙스턴 – 헌금이 뭐예요?
6. D.L. 무디 – 전도가 뭐예요?
7. 화니 크로스비 – 찬송이 뭐예요?
8. 에릭 리들 – 예배가 뭐예요?

위대한 신앙의 사람들을 통해 배우는
선교, 성경, 기도, 믿음,
헌금, 전도, 찬송, 예배 시리즈!
자녀들이 꼭 알아야 할 신앙의 기본 상식들을
알기 쉬운 만화로 재미있게 풀었습니다.